프린세스

따라 그리고
색칠하기

KB220835

은하수미디어
EUNHASOOMEDIA

슈가 공주

슈가 공주는 달콤한 케이크를 잘 만들어요.
애완견 미니와 함께 산책하는 걸 무척
좋아해요. 쾌활하고 명랑한 성격이고
귀여운 거라면 다 좋아해요.

캔디 공주

발레를 잘하는 캔디 공주의 꿈은
발레리나예요. 티타임과 가면무도회를
무척 좋아해요. 새침해 보이지만
매우 다정한 성격이에요.

모양 따라 그리기

선을 따라 별, 달, 하트, 꽃 모양 그리기 연습을 해 보세요.

리본 그리기 연습장

선을 따라 리본을 그려 보세요.

선을 따라 리본을 그려 보세요.

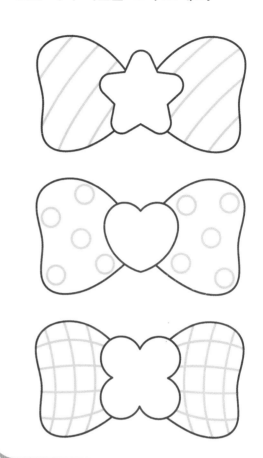

자유롭게 그려 보세요.

왕관 따라 그리기

선을 따라 왕관 그리기 연습을 해 보세요.

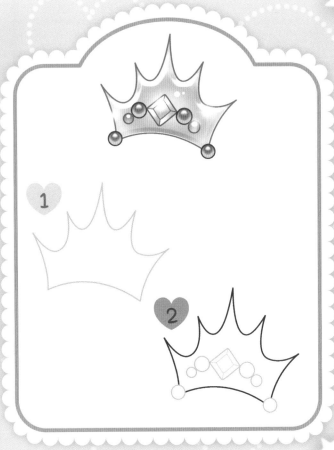

선을 따라 왕관을 그려 보세요.

선을 따라 보석을 그려 보세요.

자유롭게 그려 보세요.

액세서리 따라 그리기

선을 따라 액세서리 그리기 연습을 해 보세요.

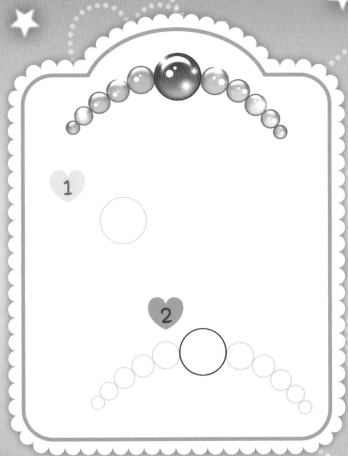

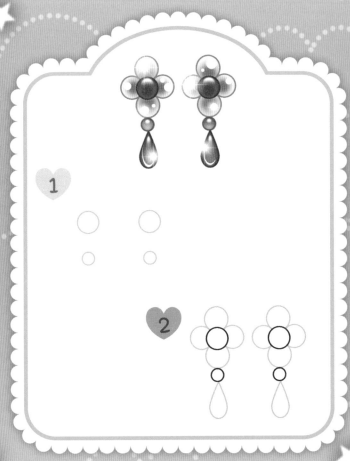

액세서리 그리기 연습장

선을 따라 머리띠를 그려 보세요.

선을 따라 액세서리를 그려 보세요.

자유롭게 그려 보세요.

티 세트 따라 그리기

선을 따라 티 세트 그리기 연습을 해 보세요.

티 세트 그리기 연습장

자유롭게 그려 보세요.

테이블 세트 따라 그리기
선을 따라 테이블 세트 그리기 연습을 해 보세요.

자유롭게 그려 보세요.

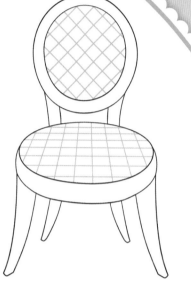

테이블 세트 그리기 연습장

소품 따라 그리기

선을 따라 소품 그리기 연습을 해 보세요.

1   2   3

1   2   3

1   2   3

소품 **그리기 연습장**

자유롭게 그려 보세요.

소품 그리기 연습장

 # 눈 따라 그리기
선을 따라 눈 그리기 연습을 해 보세요.

♥ 1 겉눈썹과 눈 테두리를 그리세요.

♥ 2 가운데 눈동자를 그리세요.

♥ 3 작은 눈동자와 쌍꺼풀 선을 그리세요.

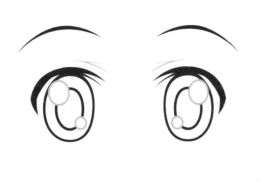

♥ 4 속눈썹을 그리세요.

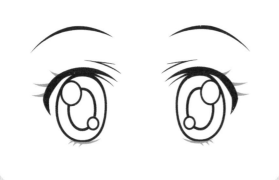

눈 그리기 연습장

슈가 공주의 얼굴 따라 그리기

슈가 공주의 얼굴을 선을 따라 그려 보세요.

❤ **1** 얼굴 모양, 귀, 목, 어깨선을 그려요.

❤ **2** 눈썹, 눈, 코, 입을 그려요.

❤ **3** 머리 모양을 점선을 따라 그려요.

❤ **4** 다시 한 번 더 따라 그려요.

얼굴 그리기 연습장

슈가 공주의 얼굴을 자유롭게 그려 보세요.

슈가 공주의 헤어 따라 그리기

슈가 공주의 헤어를 선을 따라 그려 보세요.

👑 올림 헤어를 그려 보세요.

👑 묶음 헤어를 그려 보세요.

👑 양 갈래 묶음 헤어를 그려 보세요.

헤어 그리기 연습장

슈가 공주의 헤어를 자유롭게 그려 보세요.

슈가 공주의 몸 따라 그리기

슈가 공주의 몸을 선을 따라 순서대로 그려 보세요.

1 얼굴을 그려요.

♥보석 머리띠를
연습한 후 ❸에
그려 보세요.

2 몸을 그려요.

3 다시 한 번 더 따라 그려요.

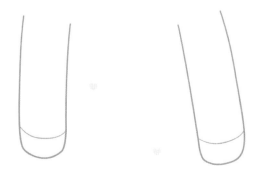

27

29

슈가 공주의 티타임을 선을 따라 그려 보세요.

슈가 공주의 잠옷 따라 그리기 ①

슈가 공주의 잠옷을 선을 따라 그려 보세요.

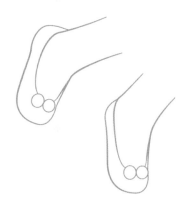

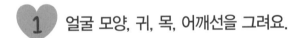

1 얼굴 모양, 귀, 목, 어깨선을 그려요.

2 눈썹, 눈, 코, 입을 그려요.

3 머리 모양을 점선을 따라 그려요.

4 다시 한 번 더 따라 그려요.

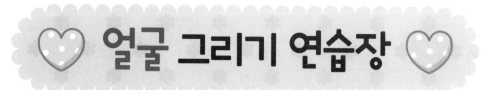

얼굴 그리기 연습장

캔디 공주의 얼굴을 자유롭게 그려 보세요.

캔디 공주의 헤어 따라 그리기

캔디 공주의 헤어를 선을 따라 그려 보세요.

♕ 양 갈래 올림 헤어를 그려 보세요.

♕ 양 갈래 묶음 헤어를 그려 보세요.

♕ 롱 단발 헤어를 그려 보세요.

헤어 그리기 연습장

캔디 공주의 헤어를 자유롭게 그려 보세요.

따라 그리기

캔디 공주의 몸을 선을 따라 순서대로 그려 보세요.

1 얼굴을 그려요.

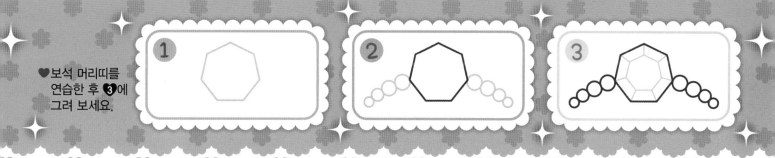

♥보석 머리띠를 연습한 후 ③에 그려 보세요.

2 몸을 그려요.

3 다시 한 번 더 따라 그려요.

캔디 공주의 원피스 따라 그리기 **1**

캔디 공주의 원피스를 선을 따라 그려 보세요.

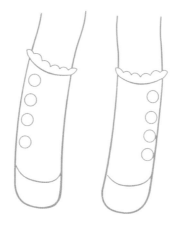

캔디 공주의 잠옷 따라 그리기 1

캔디 공주의 잠옷을 선을 따라 그려 보세요.

패턴 그리기

드레스에 무늬를 그려 넣고 액세서리를 예쁘게 꾸며 보세요.

1. 별 무늬

2. 잎 무늬

3. 달 무늬

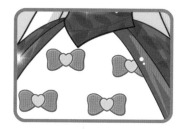
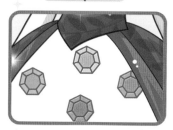

1. 빛 무늬　　2. 별 무늬　　3. 꽃 무늬

1. 물방울 무늬   2. 딸기 무늬   3. 앵두 무늬

strawberry candy

색칠
놀이

슈가 공주와 캔디 공주를 예쁘게 색칠해 보세요.

색칠
놀이

캔디 공주를 따라 그리고 색칠해 보세요.